AF302635

LA CHUTE DE CONSTANTINOPLE

Les dernières heures de l'Empire romain d'Orient

Par Romain Parmentier
Sous la direction de Gauthier Godart

50MINUTES.fr

LA CHUTE DE CONSTANTINOPLE

INTRODUCTION

Tournant majeur de l'histoire européenne, la chute de Constantinople signe la fin de l'Empire romain d'Orient (communément appelé Empire byzantin) au profit de l'Empire ottoman. Selon de nombreux historiens, cet événement précipite la fin du Moyen Âge et marque l'entrée de l'Europe occidentale dans les Temps modernes.

Le combat pour Constantinople débute le 6 avril 1453. L'attaque est ordonnée par le sultan ottoman Mehmet II, qui souhaite en finir avec la présence byzantine sur le Bosphore. L'enjeu est de taille : prendre possession de Constantinople permet non seulement de s'assurer le contrôle de la porte commerciale qui relie l'Orient à l'Occi-dent, mais aussi de mettre fin au dernier bastion chrétien en Orient. Les Ottomans, conscients de cet enjeu, entreprennent dès lors le siège de la ville, cherchant à s'en emparer en l'affaiblissant progressivement par une série d'assauts offensifs, mais aussi par un blocus destiné à l'isoler et à la priver de tout secours extérieur.

C'est un Empire byzantin sur le déclin qui tente de résister à l'attaque. Derrière les impressionnants remparts de Constantinople, l'empereur Constantin XI réussit à tenir les Ottomans en échec pendant plus de 50 jours. Néanmoins, face aux assauts successifs, la ville finit par tomber le 29 mai 1453, scellant le destin de deux empires et marquant le crépuscule pour l'Empire byzantin et l'aube pour l'Empire ottoman.

DONNÉES-CLÉS

- **Quand ?** Du 6 avril au 29 mai 1453
- **Où ?** À Constantinople, capitale de l'Empire byzantin (actuelle Istanbul)
- **Contexte ?** L'expansion ottomane (XIVe-XVIIe siècle)
- **Belligérants ?** L'Empire byzantin contre l'Empire ottoman
- **Acteurs principaux ?**
  - Constantin XI, empereur byzantin (1403-1453)

- ○ Mehmet II, sultan de l'Empire ottoman (1432-1481)
- **Issue ?** Victoire ottomane
- **Victimes ?**
  - ○ Camp byzantin : environ 4 000 victimes et 50 000 prisonniers
  - ○ Camp ottoman : chiffre inconnu, mais les pertes sont importantes

CONTEXTE POLITIQUE ET SOCIAL

BYZANCE, UN EMPIRE À L'AGONIE

Événement marquant de l'histoire du XVe siècle, la chute de Constantinople n'est pourtant que l'acte final d'un processus de déclin amorcé depuis des siècles pour l'Empire byzantin. De son avènement à la chute de l'Empire romain en 476 apr. J.-C., près de mille ans se sont écoulés durant lesquels l'empire s'est maintenu, et ce malgré les prétentions qu'ont eues certains (pensons aux Arabes, Serbes, Bulgares, Vénitiens, Génois et Turcs) sur ses territoires.

BON À SAVOIR

Pour certains historiens, la naissance de l'Empire byzantin a lieu en 395 apr. J.-C., lorsque l'empereur Théodose Ier (347-395) décide de partager l'Empire romain entre ses deux fils. Bien que plusieurs divisions aient déjà eu lieu par le passé, celle-ci est définitive. Mais elle est avant tout administrative et les habitants des deux empires ne perçoivent pas de réelles différences par rapport à la situation précédente. Ils sont par exemple soumis à la même législation. Il faut attendre 476 apr. J.-C. pour voir l'Empire byzantin mener sa propre destinée.

Le déclin de l'Empire byzantin s'amorce en 1204, lorsque la République de Venise, pour des raisons de concurrence commerciale, détourne vers Constantinople la quatrième croisade (1201-1204), initialement vouée à la reconquête de la Terre sainte et de Jérusalem, alors aux mains des Arabes. Cet événement, qui prend sa source dans la querelle religieuse qui oppose l'Église d'Orient et celle d'Occident depuis le schisme de 1054, aura des conséquences dévastatrices. La capitale byzantine est en effet assiégée et conquise par les croisés, qui la mettent à sac, signant la fin de l'Empire byzantin, qui se disloque alors en quatre entités :

- l'empire latin de Constantinople (1204-1261), qui comprend la Thrace, le Nord-Ouest de l'Asie Mineure, Lesbos, Samos et Chio, et qui

se trouve aux mains des Occidentaux ;
- le despotat d'Épire (1204-1318), situé dans les Balkans et s'étendant en Albanie et en Grèce ;
- l'empire de Nicée (1204-1261), situé en bordure de la mer de Marmara et de la mer Noire, qui a pour empereur Théodore Ier Lascaris (vers 1174-1222) ;
- l'empire de Trébizonde (1204-1461), situé dans la région du Pont, sur le littoral de la mer Noire, qui constitue l'un des derniers refuges des Grecs avant de tomber à son tour aux mains des Ottomans, en 1461.

Cependant, en 1261, Michel VIII Paléologue (1224-1282), co-empereur de Nicée puis empereur byzantin, parvient à reconquérir Constantinople et restaure l'Empire byzantin. Les dommages causés par les croisés s'avéreront toutefois irréversibles, consacrant la rupture définitive entre les deux Églises.

Bon à savoir

Le schisme de 1054, également appelé Grand Schisme d'Orient, correspond à la rupture entre l'Église byzantine (liturgie orthodoxe) et l'Église romaine (liturgie catholique). Les divergences entre elles ne sont pas récentes et ont progressivement augmenté au fil des siècles. Elles concernent la doctrine, la pratique liturgique et des questions d'ordre théologique. La date de 1054 retient néanmoins l'attention et coïncide avec l'excommunication réciproque de Michel Cérulaire (1000-1059), patriarche de Constantinople et du pape Léon IX (1002-1054). Cet événement porte préjudice aux Byzantins, qui ne peuvent désormais espérer de soutien de l'Occident qu'en échange de leur soumission au pape.

LE TURBAN PLUTÔT QUE LA MITRE

Au XIVᵉ siècle, l'Empire byzantin, déjà affaibli par une situation économique désastreuse, est miné par d'incessantes luttes de succession. L'empire ne se limite désormais plus qu'à l'Europe. Parallèlement, une nouvelle puissance émerge : les Ottomans. Ces derniers accaparent progressivement les territoires byzantins restants, tant et si bien qu'au début du XVᵉ siècle, il ne reste de l'empire que Constantinople et la Morée

(Péloponnèse). Comble de l'humiliation, pour assurer sa survie, il est contraint de payer un tribut
à l'envahisseur, réduisant ainsi les empereurs byzantins à l'état de vassaux de l'Empire ottoman.
La ville de Constantinople, quant à elle, perd de
sa splendeur et se dépeuple progressivement.

Face à la menace ottomane, plusieurs empereurs
tentent d'obtenir de l'aide de l'Occident. Mais les
questions religieuses sont toujours au centre des
négociations, et Rome exige l'union de l'Église
d'Orient à celle d'Occident comme préalable
à toute forme d'aide. Cette prérogative est au
cœur des conciles de Ferrare, puis de Florence
qui, en 1438 et 1439, tentent – en vain – de réaliser
l'union des deux Églises. Mis au pied du mur, les
derniers empereurs de Byzance sont contraints
d'accepter ce compromis, provoquant le mécontentement croissant de la population, du-
rablement marquée par les atrocités commises
par les croisés en 1204 : les accords d'union sont
donc perçus comme une véritable trahison. C'est
dans ce contexte de tension que le grand-duc
Loukas Notaras, grand-amiral de la flotte byzantine (mort en 1453), aurait prononcé une phrase
restée célèbre : « Plutôt le turban des Turcs que la

mitre des Latins. » (DONALD MACGILLIVRAY (Nicol), *Les derniers siècles de Byzance. 1261-1453*, Paris, Tallandier, coll. « Texto », 2008, p. 399)

En 1444, le monde chrétien entreprend une dernière croisade destinée à contrer les Ottomans, mais elle se solde par un échec à la bataille de Varna.

BON À SAVOIR

La bataille de Varna a lieu le 10 novembre 1444 et oppose le sultan Murad II (1404-1451) aux chrétiens menés par Jean Hunyadi (militaire et homme politique de Transylvanie, 1387-1456), le roi Vladislas Ier de Hongrie (1423-1444) et le prince Vlad II Dracul de Valachie (1397-1447, père du comte qui inspirera le roman Dracula de Bram Stoker).

Face à la menace de plus en plus pressante que les Ottomans exercent sur Constantinople et sur les Balkans, le pape Eugène IV (1383-1447) ordonne la préparation d'une nouvelle croisade contre les musulmans.

Les croisés se mettent en mouvement en juillet 1444 et projettent d'atteindre le port de Varna afin d'embarquer sur des navires pour Constantinople. Mais la flotte chrétienne prend du retard, permettant au sultan Murad II d'envoyer son armée à Varna. Le 10 novembre, les deux armées se rencontrent et engagent le combat. Si l'avantage semble au départ être aux croisés, le jeune roi Vladislas Ier se lance dans une offensive mal calculée qui lui coûte la vie et jette la confusion dans l'armée occidentale. Les conséquences en sont terribles : le monarque hongrois est tué, Jean Hunyadi est mis en fuite, et l'armée chrétienne est quasiment anéantie. Le sultan ottoman remporte par conséquent la bataille, mettant fin à la croisade et privant Constantinople de tout renfort, ce qui s'avérera déterminant lors de la prise de la capitale byzantine, quelques années plus tard.

LA MONTÉE EN PUISSANCE DE L'EMPIRE OTTOMAN

Alors que l'Empire byzantin existe depuis des siècles, l'Empire ottoman ne voit le jour qu'en 1299. Son fondateur Osman Ier Gazi (vers 1258-1326) et ses successeurs n'ont alors de cesse d'augmenter leur pouvoir et d'étendre leur territoire. En 1354, les Ottomans s'emparent de terres situées en Europe, telles que la ville de Gallipoli. Dès lors, il n'est plus possible d'entraver leur avancée qui continue dans les Balkans, notamment avec la conquête d'Andrinople par le troisième sultan ottoman, Murad Ier (1326-1389), en 1362.

Il ne reste donc plus que 200 kilomètres à parcourir pour atteindre Constantinople, encore aux mains d'un Empire byzantin déjà moribond. Pourtant, il faut encore attendre des décennies avant de voir la ville tomber. La raison ne se trouve pas dans une éventuelle faiblesse des Ottomans. Ces derniers sont en effet confrontés à de multiples menaces les empêchant de conquérir Constantinople : les Serbes et les chrétiens en Occident, les Mongols en Orient, ainsi que les luttes de succession entre sultans repoussent sans cesse la conquête de la capitale byzantine. À titre d'exemple, nous pouvons citer l'entreprise menée par le sultan Murad II qui, alors qu'il assiège Constantinople en 1422, est rappelé d'urgence à cause d'une rébellion en Anatolie, mettant brusquement fin au siège. La situation change néanmoins avec l'arrivée au pouvoir de Mehmet II.

CONSTANTINOPLE, LE RÊVE DE MEHMET II

Lors de son accession au trône de l'Empire ottoman, en 1451, Mehmet II n'a qu'un seul objectif : prendre Constantinople et en finir avec l'Empire byzantin. Le sultan ottoman mesure en effet tout l'enjeu d'une telle conquête. Celle-ci lui permettrait de :

- relier la partie européenne et asiatique de l'Empire ottoman ;
- créer un pont vers les Balkans et d'autres conquêtes ;
- contrôler le détroit du Bosphore, capital des points de vue commercial et militaire ;
- obtenir une reconnaissance internationale ;

- détruire l'Empire byzantin et mettre fin à l'autorité chrétienne en Orient.

Mehmet II entend mettre toutes les chances de son côté afin d'éviter un échec semblable à celui de 1422. Son plan d'attaque est ainsi soigneusement préparé pendant les deux années qui précèdent sa victoire.

Désireux de parer à toute menace extérieure, le sultan commence par renouveler les traités de paix avec ses vassaux chrétiens et musulmans. Il entreprend ensuite de priver Constantinople de toute chance de secours en la coupant de ses auxiliaires éventuels. Pour ce faire, Mehmet II signe un traité avec la République de Venise en septembre 1451 et conclut en novembre une paix de trois ans avec Jean Hunyadi, représentant du royaume de Hongrie.

À partir de 1452, le sultan lance également des diversions militaires en Morée, alors aux mains des frères de Constantin XI, pour les empêcher de porter secours à la capitale au moment du siège.

Il ne reste donc plus à Mehmet II qu'à isoler complètement Constantinople en instaurant un blocus de la ville sur le Bosphore. À cette fin, le sultan fait construire le château de Rumeli Hisari au nord du détroit, en face d'une autre forteresse ottomane construite par l'un de ses prédécesseurs, Bayezid Ier (vers 1360-1403). Avec ces deux forteresses, il contrôle désormais le nord du détroit, empêchant tout navire provenant de la mer Noire de ravitailler Constantinople. En novembre 1452, des navires vénitiens chargés de blé, qui tentent de forcer le blocus, sont ainsi coulés par l'artillerie abritée par les forteresses. Tout est désormais prêt pour le siège de Constantinople, le trentième et dernier de son histoire.

ACTEURS PRINCIPAUX

CONSTANTIN XI PALÉOLOGUE, EMPEREUR BYZANTIN

Constantin XI Paléologue, surnommé Dragasès (1403-1453), est le dernier empereur romain d'Orient témoin de la chute de Constantinople. Fils cadet de l'empereur Manuel II (1348-1425), Constantin XI n'est pas destiné à régner sur le trône de Byzance. Par conséquent, lorsqu'en 1421, Manuel II se montre fatigué par des années de conflits, il nomme co-empereur son fils aîné, Jean VIII (1390-1448). C'est en cette qualité que celui-ci entreprend un premier voyage en Occident en 1423-1424, pour y trouver de l'aide face à une menace ottomane qui se fait de plus en plus pressante. Le jeune Constantin XI Paléologue, chargé d'assurer la régence de l'empire durant l'absence de son frère, devient ainsi despote (titre le plus élevé dans la titulature impériale).

En 1425, suite au décès de Manuel II, Jean VIII devient le seul empereur régnant. Il attribue à trois de ses frères (Constantin XI, Théodore et Thomas) le gouvernement de la Morée, dernière province stable de l'empire. Constantin XI Paléologue devient donc despote de Morée à Vostitza de 1427 à 1437, avant de redevenir régent de l'empire de 1437 à 1440 durant un nouveau voyage de son frère en Occident, entrepris pour mettre fin aux querelles religieuses et favoriser la préparation d'une nouvelle croisade contre les Ottomans. Dès le retour de l'empereur, Constantin XI Paléologue reprend son rôle de despote de Morée. Un changement survient toutefois en 1443, lorsque ce dernier offre la ville de Selymbria à son frère Théodore en échange de Mistra (ville de Morée). Bien qu'il continue de diriger la province conjointement avec son frère Thomas, il dispose désormais de la partie la plus riche et la plus vaste de la Morée.

Le destin de Constantin XI bascule en 1448, date à laquelle son frère Jean VIII décède. Ce dernier n'ayant pas d'héritier, le trône de Constantinople lui revient. Le 6 janvier 1449, il est ainsi couronné *basileus* (titre byzantin désignant l'empereur). Mais l'honneur de la charge est accompagné de nombreuses responsabilités, dont celle de faire face aux Ottomans. Or, la situation est désespérée : l'ennemi est parvenu, au fil du temps, à encercler ce qu'il restait de l'empire. Par conséquent, Constantin XI est forcé de réclamer à son tour le soutien des puissances occidentales. S'il l'obtient, celui-ci a toutefois un prix : il est en effet obligé de proclamer l'union et la soumission de l'Église d'Orient à la papauté romaine en 1452, au grand mécontentement de la population de Constantinople. Cette ultime concession de l'Empire byzantin reste néanmoins sans effet : aucune aide ne viendra de Rome en 1453.

Entre-temps, le sultan Mehmet II a résolu d'en finir avec l'Empire byzantin. En avril 1453, la capitale byzantine est assiégée. Malgré le peu d'effectifs dont il dispose, Constantin XI organise la défense de la cité et ferme avec une longue chaîne la Corne d'Or (le port naturel de Constantinople). Il prend également la tête de 3 000 hommes pour défendre le mur terrestre de la ville au niveau de la porte Saint-Romain. S'ensuivent 55 jours de résistance. Avant l'assaut final du 29 mai 1453, Mehmet II propose à Constantin XI la souveraineté de la Morée en échange de la capitulation de la ville, mais l'empereur refuse et répond qu'il est prêt à sacrifier sa vie plutôt que se rendre. Cette décision scelle son sort, mais également celui de Constantinople : l'assaut turc s'avère insurmontable. Suivi par quelques fidèles, Constantin XI se lance pourtant dans la mêlée avec son épée et trouve une mort héroïque, mettant fin à la longue lignée des empereurs romains. Son corps ne sera jamais retrouvé.

MEHMET II, SULTAN DE L'EMPIRE OTTOMAN

Mehmet II (ou Mehmed II), septième sultan de l'Empire ottoman, est l'instigateur du siège de Constantinople de 1453. Fils du sultan Murad II, il accède une première fois au trône ottoman en 1444, alors qu'il n'a que 12 ans. Les raisons qui ont poussé son père à abdiquer en faveur de son fils restent aujourd'hui encore un mystère. La jeunesse du nouveau sultan s'avère cependant un inconvénient de taille : l'influence grandissante de ses précepteurs sur le gouvernement de l'empire finit par susciter l'opposition des grands notables, dont le plus célèbre est Halil Pasha (grand vizir de l'Empire ottoman de 1439 à 1453), mais aussi de l'armée. Murad II est dès lors rappelé sur le trône en 1446, mettant fin au premier règne de Mehmet II.

En 1451, c'est la mort de son père qui le rappelle au pouvoir. Les cinq années séparant ses deux règnes ont permis au jeune sultan de parfaire son éducation, mais aussi d'être initié aux affaires militaires et à celles de l'État. Mehmet II est désormais prêt et n'a qu'un seul objectif : se débarrasser définitivement de Constantinople afin de réussir là où son père a échoué en 1422. Le jeune sultan ne se lance pourtant pas à corps perdu dans un siège mal préparé, bien au contraire. Durant deux ans, il isole progressivement Constantinople afin d'empêcher tout secours au moment venu. Ce n'est qu'en avril 1453 qu'il entame le siège de la capitale byzantine, dont il prend possession à la fin du mois de mai. À partir de cet instant, Constantinople devient la capitale de l'Empire ottoman et Mehmet II se voit surnommé al-Fātih, c'est-à-dire « le Conquérant ».

Les conquêtes de Mehmet II ne s'arrêtent pas là. Fort de sa victoire, le sultan entreprend d'annexer définitivement la Serbie à son empire. Dès 1454, il entame la conquête de ce territoire, jusqu'au siège de Belgrade, en 1456. L'entreprise se solde néanmoins par un échec. Les Ottomans doivent attendre trois ans pour enfin prendre totalement possession de la Serbie. Mehmet II s'attelle ensuite à s'emparer des derniers vestiges de l'Empire byzantin en soumettant en 1461 le despotat de Morée et l'Empire de Trébizonde. Deux ans plus tard, c'est au tour de la Bosnie d'être soumise, suivie en 1467 par l'Albanie. Les Balkans sont donc désormais en possession de l'Empire ottoman. Les comptoirs génois et vénitiens situés sur les côtes de la Méditerranée occidentale et de la mer Noire sont eux aussi progressivement conquis par le sultan, et la Crimée est vassalisée.

Mehmet II mène jusqu'à la fin de sa vie des campagnes de conquête, accroissant ainsi la puissance et la taille de son empire. Il décède en 1481 à l'âge de 49 ans des suites d'un empoisonnement, selon ce qu'affirment certaines sources.

ANALYSE DE LA BATAILLE

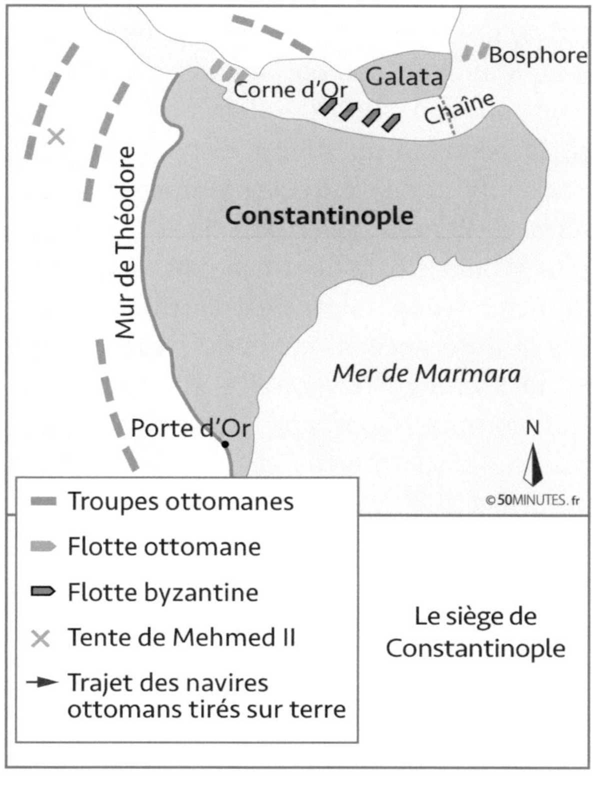

LES PRÉPARATIFS

Afin d'atteindre son objectif, Mehmet II prépare depuis plusieurs mois déjà l'isolement de Constantinople. Il est temps, à présent, de rassembler son armée. Dès lors, le sultan mobilise tous les contingents dont il dispose, de même que ceux qui lui sont dus par ses vassaux. Au total, ce sont environ 80 000 soldats qui sont réunis sous la bannière du sultan, dont 10 000 janissaires, l'infanterie d'élite de Mehmet II. Le sultan dispose également, avec plus de 100 navires, de la plus grande flotte navale jamais réunie par les Ottomans. Néanmoins, c'est l'artillerie qui fera toute la différence au cours du siège : en effet, c'est la première fois qu'elle est utilisée en si grand nombre. Quatorze batteries composées chacune de quatre gros canons sont ainsi disposées face à la muraille, la pièce maîtresse de ce dispositif étant le canon d'Orban (du nom de l'ingénieur hongrois l'ayant conçu, mort en 1453), devenu célèbre par ses dimensions impressionnantes (huit mètres de long) et sa capacité à envoyer des boulets de 600 kilos – une véritable prouesse technique pour l'époque. Il faut pas moins de 200 soldats et 60 bœufs pour le transporter jusqu'à Constantinople. Son but est de détruire les remparts antiques de la ville.

Face à cette armée colossale, la situation de Constantinople semble d'autant plus désespérée. Abandonnée par les pays occidentaux, la ville ne peut désormais compter que sur ses faibles effectifs et quelques contingents auxiliaires étrangers. Dans ses écrits, Georges Phrantzês (1401-1478), conseiller de Constantin XI et historien, mentionne 4 973 hommes en état de combattre, ce chiffre comprenant les religieux et les moines. À cela s'ajoutent 2 000 à 3 000 soldats étrangers venus principalement de Venise et de Gênes, dont le contingent le plus célèbre est celui du capitaine génois Giovanni Giustiniani Longo (vers 1418-1453) qui contient 700 hommes. Au total, ce sont donc entre 7 000 et 8 000 hommes qui se mettent en place pour défendre Constantinople et qui sont, pour la plupart, affectés à la défense du mur terrestre contre lequel les assauts seront portés. Quant à la défense navale, la ville est tout aussi désemparée puisqu'elle ne compte que 26 navires de guerre pour défendre la Corne d'Or. Enfin, l'armement est lui aussi insuffisant : les soldats combattent à l'arme blanche, et l'artillerie de la ville est pour ainsi dire obsolète.

Giovanni Giustiniani Longo est un Génois issu d'une des plus grandes familles de Gênes et parent des Doria, une famille illustre de la cité. En 1453, il décide de secourir Constantinople. La république de Gênes refusant de participer à ce combat, il finance seul son expédition et amène à la capitale byzantine un renfort de 700 soldats bien armés. Il est accueilli en héros par Constantin XI qui, pour le remercier, lui offre l'île de Lemnos. Il se voit affecté à la défense du mur terrestre de la cité. Prenant sa charge très à cœur, il inspecte immédiatement les remparts et les fait renforcer lorsque cela s'avère nécessaire. Durant le siège, il est reconnu pour son courage et son énergie. Chef hors pair, il repousse ainsi toutes les attaques ottomanes jusqu'au jour de l'assaut final, au cours duquel il est grièvement blessé. Ses compagnons d'armes décident alors de l'évacuer de la ville par bateau. Arrivé à Chio, il décède deux jours plus tard.

Constantinople dispose cependant, malgré la faiblesse de ses ressources, de deux dispositifs défensifs non négligeables. Pour saisir leur importance, il est important de rappeler que, géographiquement, la ville forme un triangle sur le Bosphore : au nord se trouve la Corne d'Or, au sud la mer de Marmara et, à l'ouest, le mur terrestre. Ces dispositifs sont :

- la chaîne qui ferme le port de la Corne d'Or en reliant la tour d'Eugène (située sur les remparts de la ville) aux murs de la forteresse de Galata, qui se trouve sur l'autre rive. La chaîne, qui repose sur des flotteurs de bois et qui est défendue par neuf navires de guerre, empêche de la sorte les navires d'entrer dans la Corne d'Or. Aucun front ne peut dès lors s'ouvrir de ce côté, ce qui permet aux défenseurs de la ville de disposer les troupes dans d'autres secteurs de la cité ;
- l'enceinte fortifiée de Théodose II (empereur d'Orient, 401-450) est composée de trois lignes de défense. Elle s'étire sur sept kilomètres et protège le côté terrestre de la ville. Pour atteindre la ville, les assaillants doivent d'abord franchir un fossé de 18 mètres de

largeur et de six à neuf mètres de profondeur, qui est suivi d'un talus. Ils atteignent ensuite le mur extérieur qui est protégé par des tours de dix mètres de haut disposées tous les 50 à 100 mètres. Enfin ils doivent encore passer le mur intérieur (12 mètres de hauteur) qui possède 96 tours de 18 mètres de haut. Ce dispositif est donc capital pour les habitants de Constantinople, qui ne manqueront pas de le renforcer à la veille de la bataille.

Les Byzantins sont par ailleurs parfaitement au courant des projets de Mehmet II. En février 1453, l'armée du sultan a déjà pris possession des campagnes et de la banlieue de Constantinople. Dès le 2 avril, les troupes arrivent devant la ville et font face aux remparts. Trois jours plus tard, elles sont rejointes par le sultan : l'ensemble de l'armée ottomane est en position. De son côté, l'empereur Constantin XI répartit les troupes de défense : le combat pour Constantinople peut commencer.

L'ESPOIR AU CŒUR DES BOMBARDEMENTS

Le 6 avril 1453, Mehmet II lance les hostilités et ordonne le bombardement de la muraille de Constantinople. Ce pilonnage systématique deviendra quotidien pendant toute la durée du siège. Le canon d'Orban dévoile alors toute sa puissance et, bien qu'il ne puisse tirer que sept fois par jour, ses boulets infligent de sérieux dégâts aux remparts de Constantinople. Des brèches se forment dans la muraille et des tours sont pulvérisées. Au bout de quelques jours, grâce aux renforts de canons aux dimensions plus modestes, ce monstre d'artillerie fait s'effondrer un pan de mur entier. Le canon d'Orban finit toutefois par exploser, tuant par la même occasion son créateur. Entre-temps, le sultan ordonne à ses soldats de combler le fossé qui les sépare du mur extérieur, en vue de préparer au mieux les assauts de l'infanterie. Sur la mer, le combat est également acharné : la flotte ottomane tente de briser la chaîne de la Corne d'Or.

Pour les habitants de Constantinople, le bruit incessant des canons devient rapidement un supplice. À cela se mêle également le bruit des tambours et des cymbales destinées à empêcher le repos des défenseurs. C'est une véritable guerre psychologique qui s'amorce à Constantinople. Toutefois, les défenseurs n'ont pas encore perdu espoir et remportent même plusieurs succès :

- la flotte ottomane est continuellement mise en échec devant la chaîne de la Corne d'Or ;
- les brèches faites par l'artillerie ottomane dans la muraille sont comblées durant la nuit ;
- les fossés sont recreusés au point que, chaque matin, les soldats du sultan sont contraints de recommencer leur labeur.

Le 18 avril, jugeant que les brèches sont suffisantes pour lancer une attaque, Mehmet II tente un premier assaut avec son infanterie, mais celui-ci est repoussé par les Byzantins. Du haut de leur rempart, ils utilisent contre les Ottomans le feu grégeois, arme incendiaire dont eux seuls avaient le secret. Les portes de la ville sont pour leur part brillamment défendues par Giovanni Giustiniani Longo. Cette petite victoire permet aux Byzantins de reprendre confiance. Ce sentiment d'espoir est renforcé le 20 avril, lorsque trois navires génois et un important bâtiment impérial font leur apparition dans les eaux de Constantinople avec à leur bord des soldats, des vivres et des munitions. Mehmet II ordonne immédiatement leur destruction, en vain : à la nuit tombée, ces quatre navires, seuls face à la flotte ottomane, parviennent à entrer dans la Corne d'Or, une fois la chaîne baissée exceptionnellement pour l'occasion. Le sultan, furieux de ce nouvel échec, limoge son amiral.

L'EXPLOIT DE LA CORNE D'OR

Humilié, Mehmet II n'a plus qu'une obsession : pénétrer dans la Corne d'Or. Toutefois, la chaîne reste inébranlable. C'est dans ce contexte que prend place l'opération la plus improbable de la bataille. Le sultan décide en effet de transporter par voie terrestre une partie de sa flotte, en contournant la forteresse de Galata avant de la faire glisser dans la Corne d'Or, et ce afin de prendre à revers la flotte byzantine. Dans la nuit du 22 au 23 avril 1453, 70 navires de taille modeste sont ainsi sortis de l'eau et hissés sur d'immenses chariots tirés par des bœufs sur une distance d'1,3 kilomètres. Cette manœuvre gigantesque nécessite des milliers d'hommes, mais c'est une réussite : à la levée du jour, les habitants de Constantinople, horrifiés, voient la flotte ottomane descendre doucement dans le chenal de la Corne d'Or.

Par cet exploit, Mehmet II ouvre un nouveau front dans la ville, obligeant les défenseurs déjà trop peu nombreux à se répartir sur un espace beaucoup plus vaste. L'artillerie ottomane est aussitôt lancée contre les murailles, afin d'y ouvrir de nouvelles brèches. Les Byzantins tentent malgré tout, le 28 avril, de détruire la flotte entrée dans la Corne d'Or, notamment en envoyant contre elle des bateaux incendiaires. Les Ottomans parviennent cependant à les faire couler : l'opération byzantine se solde par un échec. Mais, si Mehmet II a ouvert un second front, la situation de ses navires dans la Corne d'Or est loin d'être favorable. Ces derniers sont, en effet, coincés dans le port par la chaîne qui reste en place pendant toute la durée du siège, et ce malgré de multiples tentatives pour la détruire. Les pertes humaines sont donc nombreuses en mer. Pendant ce temps, le bombardement des murailles se poursuit, alors que les assiégés commencent à faiblir et que les réserves viennent à s'épuiser.

La bataille fait donc rage en mer et sur terre, mais elle est également souterraine. Mehmet II ordonne en effet à quelques soldats de creuser des mines, afin de rejoindre les murs d'enceinte en plusieurs points et de placer des explosifs en vue de faire s'effondrer le mur. L'opération s'avère dangereuse et le risque d'effondrement est important, mais seule la victoire compte, et ce à n'importe quel prix. Ayant compris les plans des Ottomans, les Byzantins s'efforcent jusqu'au 25 mai de construire d'autres mines visant à détruire celles creusées par leurs adversaires : l'opération de Mehmet II se solde à nouveau par un échec. Le 18 mai, le sultan tente un nouvel assaut et espère escalader les murs à l'aide d'une énorme tour de bois posée sur des roues, mais elle est incendiée avant d'atteindre le mur.

De part et d'autre des remparts, le moral des troupes baisse progressivement : les réserves des Byzantins sont presque épuisées, les renforts espérés de Venise n'arrivent pas, il leur est de plus en plus difficile de colmater les brèches, et certains événements tels qu'une éclipse de Lune sont perçus comme de mauvais présages. Les Ottomans sont également épuisés par ce siège qui n'en finit pas et par leurs échecs successifs. Face à cette situation, Mehmet II offre alors à Constantin XI la possibilité d'une capitulation, mais l'empereur byzantin préfère mourir plutôt que céder Constantinople. Il est donc temps d'en finir.

L'ASSAUT FINAL

Après un conseil de guerre, Mehmet II ordonne d'intensifier le bombardement des remparts pendant toute la journée du 27 mai. Lorsqu'un pan du mur intérieur s'effondre, l'espoir renaît pour les Ottomans : ils ont désormais les moyens de prendre Constantinople. Le lendemain, le sultan accorde une journée de repos à ses soldats en vue de l'assaut final. Du côté des Byzantins, on comprend alors que l'issue de la bataille est proche. Les icônes et les reliques sont sorties des églises et font le tour des remparts. Les habitants se réunissent à la basilique Sainte-Sophie, mettant exceptionnellement de côté leurs querelles religieuses en vue de partager une dernière messe ensemble. L'empereur Constantin XI, après avoir demandé l'absolution de ses péchés, se rend pour sa part sur les murailles, afin d'encourager une dernière fois ses troupes.

L'assaut final débute le 29 mai 1453, vers 1 h 30 du matin. Une première vague de soldats ottomans déferle sur la muraille terrestre de Constantinople, appuyée par l'artillerie et le bruit des tambours. L'attaque se porte principalement sur une brèche du mur défendue avec ardeur par les hommes de Giovanni Giustiniani Longo. Pendant des heures, les troupes ottomanes sont repoussées, mais immédiatement remplacées par de nouvelles. Le sultan souhaite en effet ne laisser aucun répit aux Byzantins jusqu'à ce qu'ils soient à bout de force. Il envoie ensuite les janissaires, ses troupes d'élite.

À l'aube, le combat, acharné, se poursuit, mais Giovanni Giustiniani Longo, qui restera sans conteste le plus grand défenseur de Constantinople, est blessé et évacué du champ de bataille. Son départ affaiblit terriblement la résistance et le désespoir gagne les Byzantins. Les janissaires en profitent pour donner le coup de grâce : entreprenant d'escalader les murs, ils finissent par atteindre une tour, au sommet de laquelle ils plantent l'étendard ottoman. Encouragés par ce spectacle, les soldats se ruent sur les murs et finissent par briser la résistance byzantine et entrer dans la ville par une brèche située à proximité de la porte d'Andrinople. Constantin XI, qui défend la porte Saint-Romain, s'engage alors dans un dernier assaut avec quelques fidèles : c'est la dernière fois que l'on voit l'empereur.

De plus en plus nombreux dans la ville, les Ottomans ouvrent progressivement toutes les portes : désormais, la ville leur appartient et est livrée au pillage. Désespérés, les derniers défenseurs de la ville regagnent leurs habitations afin de protéger leur famille. Par ailleurs, la chaîne de la Corne d'Or est brisée, ce qui permet à la flotte ottomane de prendre possession du port vers midi. Quant aux Vénitiens et aux Génois, ils n'ont plus d'autre choix que de quitter la ville.

Les pertes humaines sont importantes durant ce siège, mais aucun chiffre exact n'a pu être établi ; seuls les chiffres de 4 000 victimes byzantines et de 50 000 prisonniers semblent assurés.

Après 55 jours de siège, Constantinople finit par se rendre, tombant aux mains du sultan Mehmet II, mais nombreux sont les auteurs qui salueront le courage de la garnison byzantine ayant tenu si longtemps face à l'écrasante supériorité numérique des Ottomans.

RÉPERCUSSIONS DE LA BATAILLE

UNE VILLE À JAMAIS TRANSFORMÉE

Aussitôt la victoire ottomane assurée, les soldats et les janissaires du sultan mettent la ville à sac, se livrant au pillage et au massacre des Byzantins qui se trouvent sur leur chemin. Le patrimoine de la ville subit lui aussi les pires exactions : les icônes religieuses sont profanées et mises en pièces, et la basilique Sainte-Sophie, où une partie de la population s'est réfugiée, voit ses richesses pillées. L'entrée du sultan dans Constantinople met fin au massacre. Pour sceller sa victoire, Mehmet II se rend à la basilique, cœur spirituel de la ville, et accorde sa clémence aux habitants ayant survécu. L'édifice est ensuite converti en mosquée, mettant ainsi fin à des siècles de chrétienté à Constantinople. Malgré l'octroi de la liberté de culte dès 1453, les chrétiens ne représentent plus aujourd'hui que 2 % de la population de la ville.

Au fil des ans, le visage de Constantinople se transforme progressivement. Mehmet II entreprend d'abord de repeupler la ville désertée et en fait la capitale de son nouvel empire. Les anciennes églises se dotent de minarets, et de nouvelles mosquées sont construites dans la ville. De nombreux bâtiments typiques de la civilisation musulmane sont également bâtis, tels que des bains ou des médersas (écoles musulmanes). De l'ancienne capitale byzantine ne subsistent que les remparts et la basilique Sainte-Sophie. Enfin, la ville prend le nom d'Istanbul, avant d'entamer une nouvelle période faste sous le joug de la puissance des empereurs ottomans.

LA FIN DE L'EMPIRE BYZANTIN ET LE DÉBUT DE L'ÂGE D'OR OTTOMAN

Depuis le pillage de Constantinople par les croisés en 1204, l'Empire byzantin a progressivement vu sa puissance décliner. La prise de la ville en 1453 marque l'aboutissement de ce déclin et la dislocation définitive de l'empire au profit des Ottomans. Les différentes institutions byzantines sont ainsi supprimées et la gestion de la population, du territoire et de l'État s'opère désormais sur le modèle ottoman. Bien que Mehmet II accorde la liberté de culte, l'héritage orthodoxe est parallèlement transféré à Moscou, qui devient alors pour l'Église orthodoxe russe « la troisième Rome ».

De la civilisation byzantine, il ne reste dès lors que des vestiges : le despotat de Morée et l'Empire indépendant de Trébizonde. Ces deux entités ne survivent toutefois pas très longtemps, Mehmet II ne pouvant tolérer l'existence de ces refuges de la nation hellénique susceptibles d'engendrer une nouvelle croisade contre son empire. Par conséquent, en 1453, le despotat de Morée est administré par Thomas et Démétrios, les deux derniers frères de Constantin XI. Loin de s'unir pour maintenir l'autonomie de leur province, ces derniers ne cessent de s'affronter afin d'accroître leur pouvoir. En 1458, Mehmet II apprend qu'ils complotent tous deux avec le pape Pie II afin d'entraîner les pays occidentaux dans une nouvelle croisade. Cette nouvelle finit de décider le sultan, qui envahit un tiers du despotat de Morée avant d'en finir définitivement en 1460. Un an plus tard, c'est au tour de l'Empire de Trébizonde de disparaître, mettant ainsi fin à la présence byzantine en Orient.

Toutefois au-delà de la mort d'un empire, c'est la naissance d'un autre que consacre la chute de Constantinople. Certes, l'Empire ottoman existe depuis 1299, mais la prise de Constantinople lui assure le statut de nouvelle grande puissance et marque le début de son âge d'or et de son importante expansion territoriale, tant en Europe qu'en Afrique et en Asie. Cette expansion débute d'ailleurs par la prise de contrôle progressive des Balkans par Mehmet II, contrôle qui devient de plus en plus important après la chute de Constantinople. L'avenir est ainsi bel et bien assuré pour l'empire, qui s'étendra jusqu'aux portes de Vienne et ne prendra fin qu'en 1923, lors de la proclamation officielle de la République turque.

La chute de Constantinople a ainsi comblé les attentes de Mehmet II :

- la prise de la ville lui permet de relier les parties européenne et asiatique de l'empire, assurant ainsi une meilleure communication entre celles-ci ;
- le détroit du Bosphore est désormais entièrement sous sa domination, ce qui lui permet de contrôler le commerce dans cette zone, tout en étant un lieu stratégique du point de vue militaire ;

- il peut désormais se poser en héritier des empereurs romains et donner à son empire un statut de nouvelle puissance avec laquelle les Occidentaux devront composer ;
- enfin, la prise de Constantinople, puis celle des derniers bastions de la civilisation byzantine, met un terme aux croisades et est gage de stabilité pour l'Empire ottoman.

LA FIN DU MOYEN ÂGE ?

L'année 1453, au même titre que l'année 1492 (année de la découverte de l'Amérique par Christophe Colomb), est souvent désignée comme une date-clé faisant basculer l'Europe du Moyen Âge dans les Temps modernes. Bien que la chute de Constantinople soit un événement majeur de l'histoire européenne, il serait néanmoins erroné de croire que le Moyen Âge s'arrête brutalement avec la mort du dernier empereur byzantin. Ce passage d'une époque à l'autre est en effet bien plus complexe et s'inscrit dans un processus au long cours, entamé bien avant la prise de Constantinople et s'étant poursuivi bien après.

Toutefois, la chute de Constantinople contribue indéniablement à un important changement dans les mentalités que l'on cristallise sous le nom de Renaissance. Tout au long de son existence, l'Empire byzantin a abrité de nombreux centres intellectuels dont l'un des plus importants est Mistra, en Morée. La dislocation de l'empire entraîne par conséquent la fuite de nombreux savants et érudits pour l'Europe occidentale, et principalement pour l'Italie, ces derniers emmenant avec eux leur savoir, mais aussi une partie du patrimoine gréco-romain dont Byzance était l'héritière. L'arrivée de ces intellectuels permet dès lors aux Européens de redécouvrir les textes grecs, source d'inspiration majeure de la Renaissance italienne.

Parallèlement, la chute de Constantinople a un impact direct sur les relations commerciales entre l'Occident et l'Orient. Les marchandises (soie, épices, encens, etc.) provenant de l'Orient, très convoitées en Europe, passent en partie par Constantinople. Or, la chute de la capitale byzantine et l'expansion ottomane entraînent une hausse des taxes sur les marchandises, ralentissant de ce fait le commerce. Les Européens se lancent dès lors à la conquête de nouvelles routes commerciales, ce qui les mènera aux grandes découvertes. La route de la Chine leur étant fermée depuis la prise d'Acre par les musulmans en 1291, les puissances européennes n'auront de cesse de chercher un nouveau chemin pour atteindre la Chine et l'Inde : en contournant le continent africain, comme le feront les Portugais, ou en franchissant l'Atlantique, à la manière de l'Espagne et de la France.

Si cet expansionnisme maritime existe déjà en germe avant la chute de Constantinople, et ce notamment à travers les expéditions mises en œuvre par le prince portugais Henri le Navigateur (1394-1460), il ne prendra son véritable essor qu'à la suite de la prise de la capitale byzantine, qui renforce d'une manière déterminante ce besoin de trouver de nouvelles routes maritimes, transformant en profondeur les relations entre les différentes parties du monde.

EN RÉSUMÉ

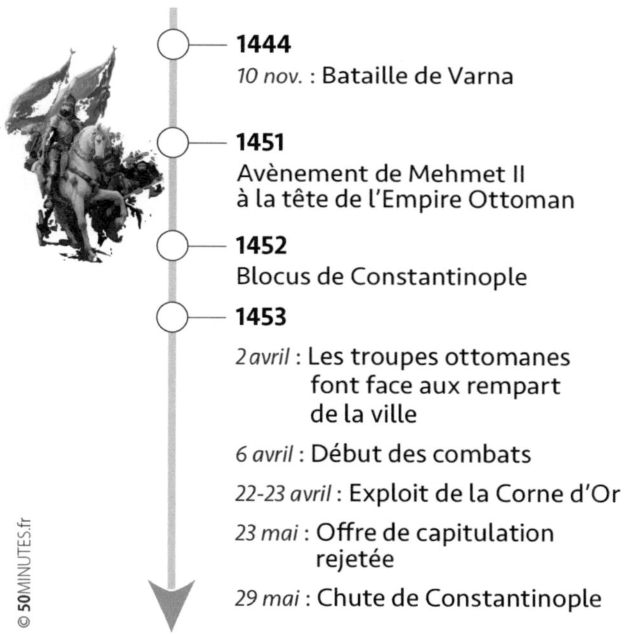

1444

10 nov. : Bataille de Varna

1451

Avènement de Mehmet II
à la tête de l'Empire Ottoman

1452

Blocus de Constantinople

1453

2 avril : Les troupes ottomanes
font face aux rempart
de la ville

6 avril : Début des combats

22-23 avril : Exploit de la Corne d'Or

23 mai : Offre de capitulation
rejetée

29 mai : Chute de Constantinople

- Sur le déclin depuis plusieurs siècles, l'Empire byzantin se limite au XVe siècle à sa capitale et à la Morée. Devenu empereur en 1449, Constantin XI est le dernier rempart face à l'expansion ottomane.

- En 1451, le sultan ottoman Mehmet II accède au pouvoir, avec un objectif : s'emparer de Constantinople. Afin d'isoler totalement la cité, le sultan conclut des traités avec Venise, puis avec la Hongrie.
- Le 6 avril 1453, il déclenche les hostilités en ordonnant le bombardement des murailles de Constantinople.
- Suite à plusieurs échecs militaires, l'armée ottomane fait passer une partie de sa flotte par voie terrestre dans la nuit du 22 au 23 avril, afin de s'introduire dans la Corne d'Or, fermée par une chaîne, et d'y prendre à revers les troupes byzantines. Cet exploit permet d'ouvrir un nouveau front ; le bombardement de l'artillerie ottomane reprend alors de plus belle.
- Le 23 mai, Mehmet II offre à Constantin XI une capitulation honorable, mais celui-ci refuse d'abandonner Constantinople. Quatre jours plus tard, au terme d'une journée de bombardements intensifs, un pan du mur intérieur de la ville s'écroule.
- Le 29 mai, l'assaut final est lancé par les Ottomans vers 1 h 30 du matin, conjuguant l'artillerie et des vagues successives d'infanterie, mais celles-ci sont repoussées les unes après les autres.

- À l'aube, Giovanni Giustiniani Longo est blessé et évacué du champ de bataille, ce qui affaiblit fortement la défense byzantine. Constantin XI, quant à lui, meurt les armes à la main.
- Les Ottomans parviennent finalement, dans le courant de la matinée, à entrer dans Constantinople par une brèche proche de la porte d'Andrinople.
- Vers midi, la chaîne fermant la Corne d'Or ayant été brisée, la flotte ottomane prend possession du port de Constantinople.
- Le soir, Mehmet II entre dans la ville, mettant fin aux exactions commises par ses troupes. Parvenu à la basilique Sainte-Sophie, il accorde sa clémence aux survivants.
- Au fil des années, Constantinople est comme métamorphosée par l'adoption des coutumes ottomanes. De la capitale byzantine, il ne reste désormais plus que les remparts et la basilique.

Votre avis nous intéresse !
Laissez un commentaire sur le site de votre
librairie en ligne et partagez vos coups de cœur sur
les réseaux sociaux !

POUR ALLER PLUS LOIN

SOURCES BIBLIOGRAPHIQUES

- « L'avancée des Turcs dans l'Europe des XVe et XVIe siècles », in *Histoire universelle. Le Bas Moyen Âge et la Renaissance*, t. 11, Paris, Hachette, 2007.

- BABINGER (Franz), *Mahomet II le Conquérant et son temps. 1432-1481. La grande peur du monde au tournant de l'histoire*, Paris, Payot, 1954.

- BRÉHIER (Louis), *Vie et mort de Byzance*, Paris, Albin Michel, coll. « Bibliothèque de l'évolution de l'humanité », 2006.

- DONALD MACGILLIVRAY (Nicol), *Les derniers siècles de Byzance. 1261-1453*, Paris, Tallandier, coll. « Texto », 2008.

- LAÏOU (Angeliki) et MORRISSON (Cécile), *Le monde byzantin III. L'Empire grec et ses voisins. XIIIe-XVe siècle*, Paris, Presses Universitaires de France, coll. « Nouvelle Clio », 2011.

- MALHERBE (Jacques), *Constantin XI. Dernier empereur des Romains*, Louvain-la-Neuve, Academia-Bruylant, 2001.

- MCCARTHY (Justin), *The Ottoman Turks. An introductory history to 1923*, London, Longman, 1997.

- SCHLUMBERGER (Gustave), *Le Siège, la Prise et le Sac de Constantinople par les Turcs en 1453*, Paris, Plon-Nourrit, coll. « Bibliothèque historique de Plon », 1914.

SOURCES COMPLÉMENTAIRES

- CHAVARDÈS (Maurice) et CHAVARDÈS (Marilène), *La chute de Constantinople*, Paris, Robert Laffont, coll. « Ce jour-là », 1963.

- HEERS (Jacques), *Chute et mort de Constantinople. 1204-1453*, Paris, Perrin, coll. « Pour l'histoire », 2005.

- RUNCIMAN (Steven) et PIGNOT (Hélène), *La chute de Constantinople. 1453*, Paris, Tallandier, coll. « Texto », 2007.

ICONOGRAPHIE

- *La Prise de Constantinople par les Turcs*, enluminure attribuée à Philippe de Mazerolles (peintre et enlumineur français, mort en 1479), XVe siècle (in Chartier (Jean), *Chronique de Charles VII, roi de France*, Paris, P. Jannet, 1858).

- *La Prise de Constantinople*, fresque, 1532, conservée au monastère Moldovіţa en Moldavie.

- *L'Hymne Acathiste et le siège de Constantinople*, fresque, 1535, conservée au monastère Humor en Moldavie.

- *La Prise de Constantinople*, tableau d'Iacopo Robusti, dit le Tintoret (peintre italien, 1518-1594), XVIe siècle, conservé au Palais des Doges à Venise.

- *La Prise de Constantinople par les Croisés*, tableau d'Eugène Delacroix (peintre français, 1798-1863), 1852, conservé au musée du Louvre à Paris (France).

- *L'Entrée de Mehmet II dans Constantinople*, tableau de Jean-Joseph Benjamin Constant, dit Benjamin-Constant (peintre et graveur français, 1845-1902), 1876, conservé au Musée des Augustins à Toulouse.

- *Mehmet II à la conquête de Constantinople*, tableau de Fausto Zonaro (peintre italien, 1854-1929), 1903, conservé au Palais de Dolmabahçe à Istanbul.

FILM ET DOCUMENTAIRE

- *Constantinople*, film de Faruk Aksoy, avec Devrim Evin et Ibrahim Celikkol, Turquie, 2013.

- *L'Ascension de l'Empire ottoman*, documentaire de Melissa Akdogan, Nick Gillan-Smith, John Fothergill et Jack MacInnes, dans la série De l'Orient à l'Occident, États-Unis, 2012.

ROMAN

- Ricardou (Jean), *La Prise de Constantinople*, Paris, les éditions de Minuit, 1965.

MUSÉES ET BÂTIMENTS COMMÉMORATIFS

- La forteresse de Rumeli Hisari (Istanbul).
- Le musée historique Panorama 1453 (Istanbul).
- Les remparts de Théodose II (Istanbul).
- La tour de Galata (Istanbul).

50MINUTES.fr

SOYEZ LÀ
OÙ ON NE VOUS ATTEND PAS !

www.50minutes.fr

ISBN ebook : 978-2-8062-5398-9
ISBN papier : 978-2-8062-5578-5
Dépôt légal : D/2014/12603/5
Photo de couverture : *L'entrée à Constantinople* de FAUSTO ZONARO; Image réputée libre de droits.

Conception numérique : Primento,
le partenaire numérique des éditeurs